PETITS PRATIQUES CUISINE

Cuisi
marc

FETTOUMA BENKIRANE

PHOTOS
FRÉDÉRIC VASSEUR

HACHETTE

SOMMAIRE

INTRODUCTION

Issue du mélange des traditions culinaires berbère, arabe et même andalouse, la cuisine marocaine traditionnelle est considérée, à juste titre, comme l'une des plus savoureuses d'Afrique du Nord.

Certes, du nord au sud du pays, l'on retrouve les grands « classiques » tels que le *tagine*, la *pastilla*, le *couscous*, qui ont fait sa réputation dans le monde entier.

Mais la cuisine marocaine offre aussi d'autres mets tout aussi savoureux et fins que les étrangers ignorent.

Si vous avez l'occasion de séjourner au Maroc, il y a plusieurs façons de les goûter : les restaurants, les familles, les *diffas* (repas de fête) ou encore les vendeurs de rue.

Ne redoutez pas d'essayer des spécialités telles les boulettes de sardine parfumées à la sauce tomate pimentée, le couscous au poisson ou la viande de chameau conservée dans le beurre...

La cuisine marocaine est une cuisine de marché où l'on retrouve les produits typiques du Bassin méditerranéen.

LES PRODUITS DU TERROIR

Nulle part ailleurs que dans les souks, on ne trouve un tel éventail de senteurs, une telle palette de couleurs : fruits, légumes, olives, épices, thé, conserves en saumure..., tout cela en dit long sur la gourmandise des Marocains.

LÉGUMES ET FRUITS

Pays à vocation agricole, le Maroc offre une abondante production de légumes et de fruits de très bonne qualité.

On y trouve les produits classiques du Bassin méditerranéen : tomates, poivrons, concombres, oignons, courgettes, fèves, aubergines...

Côté fruits : raisin, grenades, citrons, oranges, abricots et des figues à l'arôme incomparable.

Il faut également mentionner les dattes, considérées depuis toujours comme le « pain du désert ».

VIANDES ET VOLAILLES

La consommation de porc étant prohibée par le Coran, le mouton et le bœuf sont les viandes les plus cuisinées : brochettes, tagines, couscous...

Les volailles sont également très prisées des Marocains : essayez, par exemple, les coquelets aux figues fraîches (voir p. 37) ou bien les perdreaux aux citrons confits (voir p. 35).

POISSONS ET FRUITS DE MER

Le Maroc a la chance de posséder deux façades maritimes — sur la Méditerranée et sur l'Atlantique —, des fleuves et des rivières. C'est pourquoi vous trouverez ici de nombreuses recettes à base de poisson et de fruits de mer.

Citons parmi les plus typiques : la pastilla aux crevettes (voir p. 18), la daurade farcie (voir p. 30) ou encore les filets de thon aux câpres (voir p. 30).

DES PARFUMS ORIGINAUX

La cuisine traditionnelle marocaine est parfumée sans être pimentée. Coriandre, cannelle, cumin, gingembre, poivre, paprika, clou de girofle, muscade..., toutes ces épices colorent et parfument délicatement les préparations.

Même le safran, qui est si peu courant dans nos préparations culinaires, est abondamment employé.

En outre, elles ont un pouvoir euphorisant et disposent les convives au bien-être. Mais les plats doivent aussi leur saveur à l'emploi d'ail, de pignons de pin, de sésame, de menthe, de persil, de citron et d'huile d'olive.

La cuisine marocaine est un art mystérieux qui sait combiner subtilement les produits de la terre et les épices orientales, le salé et le sucré pour le seul plaisir des sens.

Cumin, safran, coriandre, cannelle... les étals des marchands d'épices offrent une superbe palette de couleurs et de senteurs.

DES HORS-D'ŒUVRE AU THÉ À LA MENTHE

Un repas marocain débute généralement par des salades de légumes, crus ou cuits. Pendant le mois du Ramadan, où les musulmans doivent s'astreindre à un jeûne diurne strict, le dîner commence par la fameuse *Harira*, soupe épaisse et épicée à base de morceaux de viande, de pois chiches et de riz. Très calorique, elle pourrait constituer à elle seule un repas !

Parmi les entrées chaudes, citons les brochettes de viande ou de poisson, grillées sur de petits barbecues (*canoun*), et la *pastilla*, un délicieux feuilleté farci de viande de pigeon, souvent saupoudré de sucre et de cannelle : c'est un vrai régal ! Vient ensuite le plat principal : le *tagine*, le plat national marocain.

C'est une sorte de ragoût rustique à base de viande (veau, agneau...), accompagné de légumes (artichauts, pois chiches, oignons...) ou cuit à l'aigre-doux avec des pruneaux, des dattes ou des abricots, le tout relevé avec des épices. Tout le secret d'un bon tagine réside dans une cuisson lente dans un plat en terre — *la tangia* — dont la forme conique exalte les saveurs.

Le traditionnel couscous, ou *seksou*, est en général le plat du vendredi.

C'est une sorte de pot-au-feu de mouton et de légumes, accompagné de semoule cuite à la vapeur.

Tout le secret d'un bon couscous réside dans la préparation de la semoule qui doit être roulée longuement à la main.

Un bouillon est proposé pour mouiller le plat. On ne sert pas de *harissa* (sauce piquante), c'est une tradition tunisienne.

La recette du couscous varie d'une région à l'autre.

Par exemple, à Casablanca, on fait le couscous aux sept légumes, au bord de mer, le couscous au poisson.

Il faut enfin mentionner le *méchoui*, agneau entier cuit à la broche, que l'on sert dans les festins. Des *khobs*, petits pains de blé, permettent de saucer les plats.

À la fin du repas si extraordinairement copieux, le seul dessert raisonnable est une jolie corbeille de fruits : figues, melons d'eau, pêches et abricots. Si les gourmands réclament une pâtisserie, on leur offre généralement les fameuses « cornes de gazelle », des *beghrirs*, gâteaux à base de semoule (voir p. 58), ou encore un délicieux feuilleté aux pommes (voir p. 60).

Le repas se termine toujours par un thé à la menthe.

LES BOISSONS

Le Coran leur interdisant la consommation d'alcool, les musulmans ne boivent que de l'eau minérale au cours des repas : l'Oulmès, gazeuse, la Sidi Ali et la Sidi Harazem, plates.

Grâce à la grande variété de fruits que l'on trouve au Maroc, vous pourrez vous désaltérer avec de délicieuses boissons traditionnelles : le jus d'amande (lait et amandes pilées), le jus de grenade et le jus d'oranges pressées.

Bien sûr, aujourd'hui, l'on trouve aussi à tous les coins de rue des marchands de limonade ou de Coca-Cola.

Pays musulman, le Maroc produit néanmoins du vin, et ce, depuis l'époque de la colonisation romaine.

Il existe trois grandes zones viticoles : le nord-est, autour d'Oudja, la région qui va de

Fès à Meknès, et celle qui va de Rabat à Casablanca.
Parmi les vins blancs, le Valpierre ou le Chaudsoleil conviennent au poisson et aux fruits de mer, tandis que les rouges de Cabernet, notamment la cuvée Président, accompagnent parfaitement le bœuf et le mouton. Parmi les rosés, le gris de Boulaouane, sec et fruité, est également délicieux mais redoutable !
Côté alcool, il faut découvrir la *mahia*, un alcool de figue très fruité qui titre 40°.
Le thé à la menthe est la boisson nationale. On conclut toujours un repas, de même qu'on souhaite bienvenue à un hôte avec une tasse de thé à la menthe.
Pour cela on utilise un plateau en métal ciselé sur lequel sont disposés les verres, la théière, le thé et le pain de sucre.
Le thé est toujours préparé en présence des invités. Le maître de maison ébouillante la théière dans laquelle on a mis les feuilles de thé.
Ensuite il ajoute la menthe et plusieurs morceaux d'un pain de sucre, qu'on casse avec un marteau. Puis il verse de l'eau bouillante. Le thé est transvasé plusieurs fois avant d'être servi. Sachez que refuser un verre de thé ne se fait pas.

Le thé à la menthe est la boisson nationale. Le servir est tout un art, car il s'agit de le verser de très haut pour en exalter l'arôme.

L'ART DE RECEVOIR

La légendaire hospitalité marocaine n'est pas un vain mot. Les Marocains sont gourmands et la générosité naturelle de leur terre leur permet d'associer plaisir de manger et plaisir de recevoir.
Toute occasion leur semble bonne pour réunir parents, amis ou étrangers autour d'un repas, et cette spontanéité de l'accueil est sans doute ce qui séduit le plus les étrangers de passage au Maroc.
Vous êtes invité ? Vous devez d'abord vous laver les mains pour obéir à la loi de pureté.
La nourriture étant un don de Dieu, on ne commencera pas à manger avant que le maître de maison n'ait prononcé le traditionnel « *Bismillah* » (« au nom de Dieu »). Ensuite chacun puise dans le plat commun.
Les Marocains mangent avec les trois doigts de la main droite (pouce, index, majeur), la main gauche étant considérée comme impure dans les pays musulmans.
Ce sera une contrainte à respecter si, par exemple, vous êtes invité à une *diffa* ; l'usage des couverts est généralisé dans les restaurants.

Le plat de service est toujours rond et grand, sa présentation fait l'objet de soins attentifs : les viandes et les légumes sont disposés avec art et rehaussés de couleurs grâce aux olives et aux citrons confits.

Car le maître de maison considère comme un devoir sacré de se mettre en frais pour régaler ses hôtes. En outre, il veillera toujours à ce que les meilleurs morceaux leur soient servis.

Aussi est-ce un devoir de politesse de manger au maximum du plat qui est devant vous et de ne pas gaspiller le pain. Il conclura le repas en disant : « *Hamdou'l'llah* » (« Dieu soit loué ! »).

Les olives sont abondamment employées, notamment dans les tagines.

LES USTENSILES DE CUISINE

Pour faire de la cuisine marocaine, il vous faut des ustensiles courants : casseroles, cocottes, poêles, planches à découper...

Pour hacher finement la viande, un mixeur électrique fera l'affaire. Quant au couscoussier, il est maintenant disponible en grande surface. À défaut, vous pouvez utiliser un faitout normal. Dans ce cas, mettez la semoule dans une passoire à trous fins que vous poserez au-dessus du faitout, en veillant bien à ce qu'elle ne trempe pas dans le liquide de la préparation.

Puis couvrez la casserole d'une feuille de papier d'aluminium de manière à ce que la vapeur ne puisse s'échapper par les côtés.

La *tangia* est le plat rond en terre cuite vernissée, sans anse, et équipé d'un couvercle conique au col ouvert, dans lequel on fait cuire le ragoût marocain, le *tagine*.

La méthode de cuisson traditionnelle consiste à enfouir la tangia dans des cendres chaudes, généralement dans le four du boulanger, et à laisser mitonner pendant 12 heures !

Pour plus de commodité, vous utiliserez un autocuiseur qui vous donnera le même résultat en une heure de cuisson, sans changer le goût de la préparation.

LA CUISINE MAROCAINE EN FRANCE

La cuisine marocaine est implantée et appréciée dans notre pays. La plupart des ingrédients sont facilement disponibles dans les grandes surfaces, dans les épiceries orientales ou certaines boucheries arabes. Vous pouvez aussi vous procurer certains produits comme les graines de couscous dans les maisons de régime.

Nous avons rassemblé ici des recettes courantes que vous pourrez confectionner sans difficulté, mais ne les suivez pas forcément à la lettre, ne vous privez pas de les adapter à votre fantaisie.

La plupart des plats sont conçus pour huit personnes. Pour quatre personnes, il vous suffira de diviser les quantités par deux. Sachez enfin que nombre d'entre eux peuvent se réchauffer et que certains, comme les *tagines*, y gagnent en finesse et en onctuosité.

Promenez-vous parmi les échoppes des souks : il n'y a pas de meilleure introduction à la cuisine marocaine.

PAINS

Khobs

Pour 4 grands pains
Préparation : 30 min
Temps de repos : 30 min
Cuisson : 30 min

Un pain contient environ :
672 kcal
Protides : 23 g
Lipides : 60 g
Glucides : 130 g

- **1,5 kg de farine de blé dur**
- **30 g de levure de boulanger**
- **1/2 verre à moutarde d'huile**
- **1 cuil. à soupe de graines d'anis ou de sésame (facultatif)**
- **1 cuil. à café de sel**

1. Dans un grand saladier, mélangez soigneusement la farine tamisée avec la levure diluée dans un verre d'eau et le sel.

2. Pétrissez la pâte avec les paumes de vos mains, en l'aspergeant d'eau de temps à autre.

3. Écrasez-la ensuite, pendant environ 10 min, à l'aide de vos poings fermés.

4. Travaillez la pâte pendant encore 5 ou 10 min, mais cette fois en l'aspergeant d'huile. Vous devez obtenir une pâte souple et élastique, mais consistante.

5. Divisez la pâte en 4 parts égales que vous façonnerez en boules. Saupoudrez-les d'un peu de farine.

6. Aplatissez-les de façon à obtenir 4 pains bien ronds d'environ 1/2 cm d'épaisseur.

7. Couvrez-les d'un linge propre et laissez-les reposer dans un endroit chaud pendant 30 min. Les pains doivent doubler de volume.

8. Préchauffez le four à 200 °C (th. 6). Déposez les pains sur une plaque tapissée de papier sulfurisé. Piquez-les avec une fourchette en plusieurs endroits. Faites-les cuire au four, à mi-hauteur, pendant 30 min, jusqu'à ce qu'ils soient bien dorés.

CONSEIL : ***Pour aider la levure à bien lever, ajoutez un morceau de sucre.***

VARIANTES : ***Vous pouvez agrémenter vos pains en les parsemant de graines d'anis ou de sésame avant de les enfourner. Vous pouvez remplacer le blé dur par du blé tendre.***

SOUPE DE LÉGUMES

Chorba Dial Khadra

Pour 8 personnes
Préparation : 15 min • Cuisson : 30 à 35 min
Une portion contient environ : 157 kcal
Protides : 6 g • Lipides : 5 g • Glucides : 22 g

100 g de viande au choix • 2 tomates • 4 pommes de terre • 4 poireaux • 4 carottes • 4 navets • 4 bulbes de fenouil • 2 oignons • 3 branches de céleri • 30 g de beurre • 1 jaune d'œuf • 1/2 cuil. à café de sel • 1 cuil. à café de poivre

1. Taillez la viande en tout petits dés. Pelez, lavez et coupez en petits dés tous les légumes. Hachez le céleri, émincez les oignons.
2. Dans un faitout, portez à ébullition 2 litres d'eau avec la viande, le beurre, le poivre et le sel, pendant 10 min ; puis ajoutez les légumes et laissez cuire à couvert, à feu moyen, de 20 à 25 min. Passez la soupe au moulin à légumes.
3. Mettez un jaune d'œuf battu au fond d'une soupière, versez-y la soupe, remuez et servez aussitôt.

Conseil : ***Cette soupe sera plus savoureuse si vous ne passez pas les légumes.***
Dans ce cas, supprimez l'œuf et laissez un peu plus de bouillon.

SOUPE DU RAMADAN

Harira

Pour 8 personnes
Temps de trempage : 12 h
Préparation : 10 min • Cuisson : 35 à 40 min
Une portion contient environ : 130 kcal
Protides : 40 g • Lipides : 18 g • Glucides : 72 g

250 g de viande (veau ou mouton) • 2 oignons • 10 petits oignons blancs • 200 g de pois chiches • 4 tomates • 4 branches de céleri • 1 bouquet de persil • 1 bouquet de coriandre • 2 doses de safran • 1/2 verre à moutarde de riz • 1 cuil. à soupe de concentré de tomate • 50 g de farine • 1 cuil. à café de sel • 1 cuil. à café de poivre

1. Laissez tremper les pois chiches dans de l'eau froide pendant au moins 12 h.
2. Taillez la viande en tout petits dés. Pelez et émincez les oignons. Pelez les tomates, laissez-les entières. Mettez le tout dans un grand faitout avec les pois chiches égouttés, le safran, le poivre, le sel et 2,5 litres d'eau. Faites cuire 20 min à mi-couvert et à feu moyen.
3. Lavez et hachez la coriandre et le persil en ôtant les grosses tiges. Coupez le céleri en tout petits dés.
4. Incorporez le riz, le concentré de tomate, la coriandre, le persil, le céleri et les petits oignons entiers pelés. Laissez cuire encore 10 ou 15 min, puis liez la soupe avec la farine délayée dans un verre d'eau froide, en remuant constamment avec une spatule pour empêcher la formation de grumeaux.
5. Laissez mijoter le tout à découvert pendant encore 5 min en remuant de temps à autre. Servez bien chaud. Présentez à part des gâteaux au miel, des dattes et du jus de citron où chacun puisera selon son goût.

CONSEIL : ***Ne mettez pas trop de farine, la soupe ne doit pas être trop épaisse.***

SOUPE DE FÈVES FRAÎCHES

Chorba Bel Foul

Pour 8 personnes
Préparation : 10 min • Cuisson : 20 à 25 min
Une portion contient environ : 121 kcal
Protides : 7 g • Lipides : 1 g • Glucides : 21 g

1 kg de fèves fraîches • 2 oignons • 2 gousses d'ail • 1 bouquet de coriandre • 1 verre à moutarde de riz • 1 cube de bouillon de poulet • 4 cuil. à soupe de farine • 1 cuil. à café de sel

1. Écossez les fèves. Éventuellement éliminez la peau dure qui les recouvre. Pelez et émincez les oignons. Pelez, écrasez les gousses d'ail. Lavez, hachez la coriandre.
2. Dans un faitout, portez à ébullition 2 litres d'eau avec les oignons, l'ail, le cube de bouillon, la coriandre et le sel ; ajoutez les fèves et le riz. Laissez cuire de 15 à 20 min à feu moyen.
3. Délayez la farine dans un peu d'eau et incorporez-la à la soupe en ayant soin de remuer sans arrêt pour empêcher la formation de grumeaux. Laissez mijoter encore 5 min et servez la soupe bien chaude, accompagnée de dattes.

CONSEIL : ***La soupe gagnera en saveur si vous remplacez le cube de bouillon par de petits morceaux de poulet.***

SOUPE DE GOMBOS

Pour 8 personnes
Temps de trempage : 12 h
Préparation : 10 min • Cuisson : 30 à 35 min
Une portion contient environ : 195 kcal
Protides : 12 g • Lipides : 8 g • Glucides : 19 g

250 g de viande au choix • 200 g de gombos • 150 g de pois chiches • 4 tomates • 1 oignon • 400 g de petits oignons blancs • 1 bouquet de coriandre • 1 bouquet de persil • 2 doses de safran • 1 cuil. à soupe de concentré de tomate • 1/2 verre à moutarde de riz • 25 g de farine • 1 cuil. à café de sel • 1 cuil. à café de poivre

1. Laissez tremper les pois chiches dans de l'eau froide pendant 12 h.
2. Taillez la viande en petits dés. Pelez et émincez l'oignon. Pelez les tomates, réduisez-les en purée.
3. Mettez le tout dans un grand faitout avec les pois chiches égouttés, le safran, le poivre, le sel et l'eau. Faites cuire à mi-couvert et à feu moyen, pendant 15 à 20 min.
4. Lavez les gombos, essuyez-les, retirez les extrémités et coupez-les en rondelles. Hachez la coriandre et le persil.
5. Incorporez le riz, le concentré de tomate, les gombos, la coriandre, le persil et les petits oignons entiers pelés. Laissez cuire environ 10 min, puis liez la soupe avec la farine délayée dans un verre d'eau, en remuant constamment pour empêcher la formation de grumeaux.
6. Laissez mijoter, à découvert, pendant encore 5 min, en remuant de temps à autre. Servez cette soupe bien chaude, accompagnée de dattes ou de gâteaux au miel.

PRÉPARATION DE LA PASTILLA

recette de base

- **15 feuilles de pastilla**
- **2 œufs battus**
- **1 verre à moutarde d'huile**

◆ La pastilla est une spécialité originaire de Fès qu'on prépare généralement à l'occasion de grandes cérémonies telles que les baptêmes, les fiançailles, les mariages, ou lors des *diffas*. Elle peut être servie en entrée, garnie d'une farce salée à la viande, aux fruits de mer ou d'un mélange d'épinards et de champignons à la crème, mais également en dessert, fourrée, par exemple, de vermicelles cuits dans du lait sucré parfumé à la cannelle.

1. Huilez soigneusement un moule d'environ 40 cm de diamètre et 10 cm de haut, à bord lisse. Rangez une première couche de feuilles qui déborderont largement, en les faisant se chevaucher.

2. Empilez ensuite 2 ou 3 feuilles au centre pour consolider la base de votre pastilla.

3. Étalez la farce choisie bien régulièrement sur toute la surface. Rabattez dessus les parties qui dépassent.

4. Badigeonnez la surface de la pastilla avec un pinceau trempé dans l'œuf battu. Préchauffez le four à 200 °C (th. 6).

5. Répétez l'opération. Disposez une seconde couche de feuilles, mais cette fois rentrez délicatement sous la pastilla les parties qui dépassent, après les avoir badigeonnées à l'œuf, de façon à obtenir un bord net et bien arrondi.

6. Toujours avec l'œuf, collez au centre 2 feuilles, qui rendront le dessus bien lisse.

7. Enfournez à mi-hauteur et faites cuire la pastilla pendant 15 min, en l'arrosant souvent de beurre fondu, dessus et dessous.

8. Pour démouler, posez sur le moule un plat de service rond et retournez l'ensemble de façon à présenter la face lisse de la pastilla. Saupoudrez-la de sucre glace et de cannelle. Découpez-la et servez-la sans attendre.

CONSEIL : ***Vous pouvez vous procurer facilement les feuilles de pastilla dans une épicerie orientale.***

PASTILLA AUX CREVETTES

Pour 8 personnes
Préparation : 40 min • Cuisson : 15 min
Une portion contient environ : 900 kcal
Protides : 88 g • Lipides : 49 g • Glucides : 39 g

20 feuilles de pastilla • 2 œufs battus • Pour la farce : 2 kg de crevettes cuites (bouquet) • 1 kg de calmars • 200 g de vermicelles de riz • 1 bouquet de coriandre • 1 bouquet de persil • 3 cuil. à soupe d'huile • 1 cuil. à café de sel • 1 cuil. à soupe de poivre

1. Réservez d'abord 4 ou 5 crevettes pour la décoration. Décortiquez ensuite toutes les autres. Lavez les calmars, taillez-les en petits morceaux et faites-les cuire 10 min, à feu moyen.

2. Plongez les vermicelles dans de l'eau bouillante pendant 5 min. Égouttez-les et hachez-les grossièrement. Lavez et hachez la coriandre et le persil.

3. Mélangez bien soigneusement les poissons avec les vermicelles, les fines herbes, l'huile, le poivre et le sel.

4. Huilez le moule et tapissez-le avec les premières feuilles, étalez la farce régulièrement. Achevez de plier et faites cuire selon la recette p. 16.

5. Décorez votre pastilla avec les crevettes réservées en les disposant en forme de fleur.

Variante : ***Vous pouvez enrichir votre farce avec des moules, des écrevisses ou des palourdes.***

PASTILLA AUX PIGEONS

Pour 8 personnes
Préparation : 60 min • Cuisson : 20 min
Une portion contient environ : 760 kcal
Protides : 20 g • Lipides : 504 g • Glucides : 176 g

15 feuilles de pastilla • 2 œufs battus • POUR LA FARCE : 8 pigeons vidés et parés • 12 œufs • 100 g de beurre • 300 g d'oignons • 1 bouquet de coriandre • 1 bouquet de persil • 250 g d'amandes grillées • 1 cuil. à café de gingembre en poudre • 1 cuil. à soupe de cannelle en poudre • 2 doses de safran • 200 g de sucre en poudre • 1/2 cuil. à café de sel

1. Découpez tous les pigeons en morceaux et mettez-les dans une grande cocotte. Ajoutez 1 litre d'eau, le beurre, les oignons pelés et hachés, le gingembre et le sel, puis faites cuire le tout à feu moyen, pendant 15 à 20 min. Retirez les morceaux de pigeon, désossez-les et tenez-les au chaud.
2. Incorporez les herbes finement hachées au jus de cuisson et laissez cuire encore 10 min. Faites bien réduire cette sauce. Puis ajoutez la cannelle, le sucre et les œufs battus en omelette, en ayant soin de remuer constamment. Comptez 5 min de cuisson pour les œufs.
3. Disposez les morceaux de pigeon sur le fond de la pastilla. Étalez la farce herbes-œufs par-dessus. Parsemez le tout d'amandes grillées et grossièrement hachées. Achevez de plier et faites cuire selon la recette p. 16.

◆ Pour réussir une bonne farce, faites bien réduire votre sauce avant d'y incorporer les œufs.

FEUILLETÉS AU POULET

Pour 8 personnes
Préparation : 40 min • Cuisson : 30 min
Une portion contient environ : 711 kcal
Protides : 36 g • Lipides : 43 g • Glucides : 45 g

50 feuilles de briouat • 2 œufs battus • POUR LA FARCE : 1 poulet de 2 kg désossé • 500 g de carottes • 250 g de germes de soja • 100 g de vermicelles de riz • 1 œuf • 1 bouquet de persil • 4 feuilles de menthe • 1 cuil. à café de sel • 1 cuil. à soupe de poivre • POUR LA SAUCE : 3 cuil. à soupe d'huile • 1 bouquet de coriandre • 1 bouquet de menthe • 1 cuil. à café de piment doux • 1/2 cuil. à café de piment fort • 1/2 cuil. à café de cumin en poudre • 1/2 cuil. à café de sel • POUR LA FRITURE : huile

1. Dans une cocotte, faites cuire le poulet désossé 20 min à feu moyen.
2. Pelez les carottes et râpez-les grossièrement. Coupez les germes de soja. Plongez les vermicelles 5 min dans de l'eau bouillante, égouttez-les, hachez-les grossièrement. Lavez et hachez le persil et la menthe.
3. Hachez grossièrement la chair du poulet. Mélangez-la soigneusement avec les carottes, le soja, les vermicelles, les fines herbes, l'œuf, le poivre et le sel.
4. Pliez les feuilles et procédez comme pour les feuilletés à la viande hachée.
5. Préparez la sauce avec l'huile, la menthe et la coriandre hachées, les piments, le cumin et le sel. Dressez les feuilletés sur un lit de feuilles de salade verte, et présentez la sauce à part.

FEUILLETÉS À LA VIANDE HACHÉE

Briouats

Pour 8 personnes
Préparation : 60 min • Cuisson : 30 min
Une portion contient environ : 861 kcal
Protides : 45 g • Lipides : 53 g • Glucides : 51 g

50 feuilles de briouat (en épicerie orientale) • 2 œufs battus • POUR LA FARCE : 1 kg de viande de bœuf • 12 œufs • 2 oignons • 1 bouquet de persil • 1 bouquet de coriandre • 1 cuil. à café de cannelle en poudre • 4 cuil. à soupe d'huile • 150 g de sucre en poudre • 1/2 cuil. à café de sel • 1 cuil. à café de poivre • POUR LA FRITURE : huile

1. Hachez deux fois la viande avec les oignons, la coriandre et le persil. Mélangez-les soigneusement avec le poivre, le sel et l'huile. Faites cuire 10 min à feu moyen, jusqu'à absorption complète du jus.
2. Incorporez le sucre et les œufs battus en remuant constamment afin de détacher la viande. Ajoutez la cannelle et poursuivez la cuisson 5 min en remuant. Retirez du feu.
3. Déposez un peu de farce (de la valeur d'un œuf) sur le bord d'une feuille de briouat. Rabattez les deux côtés de la feuille et roulez celle-ci jusqu'au bout en serrant bien. Collez à l'aide d'un pinceau trempé dans l'œuf battu. Répétez l'opération jusqu'à épuisement des ingrédients.
4. Faites frire les feuilletés dans l'huile chaude, à feu moyen, 2 min de chaque côté. Servez-les bien dorés, saupoudrés de sucre en poudre et de cannelle.

Fourrés à la viande hachée ou au poulet, ces feuilletés constituent une délicieuse entrée.

SALADE DE GRAINES DE COUSCOUS

Pour 4 personnes
Préparation : 15 min
Une portion contient environ : 258 kcal
Protides : 8 g • Lipides : 6 g • Glucides : 43 g

200 g de graines de couscous pré-cuites • 3 tomates • 1 oignon • 1 gros bouquet de persil • 3 feuilles de menthe • quelques olives vertes et noires • 1/2 verre à moutarde de jus de citron • 1/2 verre à moutarde d'huile • 1/2 cuil. à café de sel • 1 cuil. à café de poivre

1. Ébouillantez les tomates, pelez-les, épépinez-les et coupez-les en dés. Pelez l'oignon et hachez-le finement. Hachez le persil et la menthe.
2. Dans un saladier, mélangez soigneusement les graines de couscous avec la tomate, l'oignon, les herbes, le jus de citron, le poivre et le sel.
3. Laissez gonfler au frais. Au moment de servir, décorez la salade avec des olives vertes et noires.

Conseil : ***Riche en calories, agréable à l'œil par la nuance de couleurs, subtile par le mélange des saveurs, cette salade constitue une entrée très appréciée. Elle accompagne également délicieusement les brochettes ou les viandes cuites à la vapeur ou au four.***

Variante : ***À défaut de graines de couscous, vous pouvez réaliser cette recette avec des graines de bulgur ou même du riz cuit.***

SALADE CUITE

Pour 4 personnes
Préparation et cuisson : 35 min
Une portion contient environ : 65 kcal
Protides : 2 g • Lipides : 3 g • Glucides : 7,5 g

1 kg de tomates • 1 kg de poivrons rouges ou verts grillés • 1 bouquet de persil • 5 gousses d'ail • 1/2 verre à moutarde d'huile • 1 cuil. à café de cumin en poudre • 1 cuil. à café de piment doux • 1/2 cuil. à café de piment fort • 1/2 cuil. à café de sel

1. Ébouillantez les tomates, pelez-les, coupez-les en petits dés ainsi que les poivrons grillés. Écrasez les gousses d'ail. Hachez le persil en éliminant les grosses tiges.
2. Dans une poêle, faites cuire ensemble les tomates, les poivrons, l'huile, l'ail, le cumin, les piments, le persil et le sel en ayant soin de remuer constamment pour éviter que la tomate n'attache au fond de la poêle.
3. Poursuivez la cuisson pendant 15 à 20 min jusqu'à évaporation complète du jus. Servez cette salade chaude ou froide, selon votre goût.

Au premier plan : salade de graines de couscous.
À l'arrière-plan : salade cuite.

SALADE DE FÈVES FRAÎCHES

Foul Be-Zite

Pour 4 personnes
Préparation et cuisson : 30 min
Une portion contient environ : 308 kcal
Protides : 21 g • Lipides : 8 g • Glucides : 38 g

2 kg de fèves fraîches • 3 gousses d'ail • 1/2 bouquet de persil • 1 cuil. à café de gingembre en poudre • 1/2 cuil. à café de piment doux • 2 doses de safran • 1 cuil. à café de farine • 1/2 verre à moutarde d'huile • 1/2 cuil. à café de sel • citron confit, olives rouges pour la décoration

1. Écossez les fèves. Éventuellement éliminez la peau qui les recouvre. Pelez et hachez l'ail.
2. Dans une casserole, portez à ébullition l'huile, 2 verres à moutarde d'eau, le gingembre, l'ail et le sel. Ajoutez les fèves et faites cuire le tout pendant 10 à 15 min.
3. Incorporez la farine délayée dans un peu d'eau, le piment et le persil haché 5 min avant la fin de la cuisson.
4. Faites réduire la sauce et servez la salade chaude ou froide, selon votre goût. Agrémentez la présentation avec quelques lamelles de citron confit et des olives rouges.

Conseil : ***Cette salade sera plus savoureuse si vous la faites en début de saison avec les premières fèves. Vous pourrez la servir en accompagnement de brochettes ou de viande rôtie.***

SALADE MIXTE

Pour 4 personnes
Préparation : 30 min
Une portion contient environ : 218 kcal
Protides : 6 g • Lipides : 13,5 g • Glucides : 18 g

2 concombres moyens • 3 tomates • 2 poivrons • 4 bulbes de fenouil • 4 cœurs d'artichauts • 2 poireaux •
POUR LA SAUCE : 1/2 verre à moutarde de jus de citron • 1 bouquet de persil • 3 cuil. à soupe d'huile • 1/2 cuil. à café de sel • 1/2 cuil. à café de poivre

1. Pelez les concombres et le fenouil. Nettoyez les poireaux. Épépinez les tomates et les poivrons. Puis détaillez tous les légumes ainsi que les cœurs d'artichauts en petits dés.
2. Mélangez bien soigneusement le tout dans un saladier avec le jus de citron, l'huile, le persil haché, le poivre et le sel. Entreposez au frais.

♦ Cette salade peut être servie en entrée mais aussi en accompagnement de brochettes ou de viande rôtie.

SALADES COLORÉES

SALADE DE LÉGUMES

Pour 4 personnes

Préparation : 15 min

Une portion contient environ : 319 kcal

Protides : 8 g • Lipides : 19 g • Glucides : 29 g

6 tomates • 3 concombres • 6 poivrons (3 verts, 3 rouges) • 1 botte de petits radis • 150 g d'olives vertes ou noires • 2 oignons • 100 g de maïs en boîte • 50 g d'amandes pelées • 1/2 verre de jus de citron • 1/2 verre d'huile • 1/2 cuil. à café de sel et de poivre

1. Pelez les tomates, épépinez-les, coupez-les en dés. Coupez les poivrons en fines lanières. Pelez les concombres et débitez-les en rondelles fines. Nettoyez les radis, coupez-les en deux. Pelez et hachez les oignons.
2. Mettez le tout dans un saladier avec le maïs, les olives dénoyautées et les amandes préalablement frites et hachées. Versez le jus de citron et l'huile. Salez, poivrez. Mélangez bien et mettez au frais pendant 1 h, avant de servir.

SALADE DE CAROTTES CUITES

Pour 4 personnes

Préparation : 10 min • Cuisson : 40 min

Une portion contient environ : 228 kcal

Protides : 1,5 g • Lipides : 14 g • Glucides : 24 g

500 g de carottes • 8 gousses d'ail • 5 cuil. à soupe d'huile • 3 cuil. à soupe de jus de citron • 1/2 cuil. à café de cannelle • 50 g de sucre • sel

1. Pelez les gousses d'ail. Pelez et lavez les carottes, puis faites-les cuire entières avec l'ail dans de l'eau salée pendant environ 20 min. Égouttez-les et passez-les à la moulinette.
2. Versez la purée de carottes dans une casserole. Ajoutez l'huile, le jus de citron et la cannelle, puis faites cuire à feu doux, pendant 20 min, en ayant soin de remuer de temps en temps.
3. En fin de cuisson, ajoutez 50 g de sucre, faites dorer et servez chaud ou froid, selon votre goût.

SALADE VERTE À L'ORANGE

Pour 4 personnes

Préparation : 15 min

Une portion contient environ : 82 kcal

Protides : 3 g • Lipides : 2 g • Glucides : 68 g

1 laitue • 2 oranges • 1 verre à moutarde de jus d'orange • 2 cuil. à soupe de jus de citron • 2 cuil. à soupe d'eau de fleur d'oranger • 2 cuil. à soupe de sucre en poudre

1. Nettoyez, lavez et essorez la laitue. Ciselez les feuilles en fines lanières. Déposez cette chiffonnade dans un saladier.
2. Pelez les oranges, divisez-les en quartiers, éliminez-en la peau fine. Détaillez les quartiers en petits dés que vous déposerez sur la salade.
3. Ajoutez les jus d'orange et de citron, le sucre et l'eau de fleur d'oranger. Mélangez le tout soigneusement et servez bien frais.

En haut : salade de carottes cuites.
En bas : salade verte à l'orange.

LOUP À LA CORIANDRE

Pour 8 personnes
Préparation : 10 min • Cuisson : 25 à 30 min
Une portion contient environ : 203 kcal
Protides : 33 g • Lipides : 7 g • Glucides : 2 g

1 loup de 1,5 kg vidé et paré • 2 citrons • 1/2 verre à moutarde d'huile • 2 cuil. à soupe de coriandre en poudre • 1 bouquet de coriandre fraîche hachée • 1/2 cuil. à café de sel • 1/2 cuil. à café de poivre

1. Lavez le poisson sous l'eau courante froide. Avec un couteau, pratiquez quelques incisions sur les flancs du poisson.
2. Mélangez l'huile avec les deux coriandres, le poivre et le sel et enduisez-en le poisson à l'intérieur et à l'extérieur.
3. Préchauffez le four à 170 °C (th. 5).
4. Déposez le loup dans un plat à gratin tapissé de rondelles de citron. Faites cuire le poisson au four, à mi-hauteur, de 25 à 30 min. Arrosez-le régulièrement avec le jus de cuisson. Servez-le chaud, accompagné d'une salade de germes de soja ou d'une salade mixte.

VARIANTE : ***Vous pouvez aussi réaliser ce plat avec un pageot ou un mulet du même poids.***

DAURADE À L'OIGNON

Pour 8 personnes
Préparation : 15 min • Cuisson : 25 à 30 min
Une portion contient environ : 270 kcal
Protides : 35 g • Lipides : 10 g • Glucides : 10 g

1 daurade de 1,5 kg vidée et parée • 1 kg de tomates • 1 kg d'oignons • 75 g de beurre • 1 citron • 1/2 cuil. à café de sel • 1 cuil. à café de poivre

1. Pelez les oignons, émincez-les. Ébouillantez les tomates, pelez-les, épépinez-les et détaillez-les en petits dés. Préchauffez le four à 170 °C (th. 5).
2. Dans une grande poêle, faites d'abord revenir les oignons dans le beurre pendant 5 min, jusqu'à ce qu'ils soient translucides. Ajoutez ensuite les tomates, le poivre, le sel et faites cuire le tout, à feu doux, pendant 10 à 15 min.
3. Versez la moitié de la préparation dans un plat allant au four. Déposez la daurade dessus, puis recouvrez-la avec le reste de la préparation et faites-la cuire au four, à mi-hauteur, de 25 à 30 min.
4. Présentez la daurade telle quelle dans le plat de cuisson avec les quartiers de citron. En accompagnement, vous pouvez servir du riz blanc beurré.

VARIANTE : ***Cette recette gagnera en saveur si vous ajoutez à la sauce tomates-oignons un bouquet de persil et un bouquet de coriandre hachés.***

FILETS DE THON AUX CÂPRES

Pour 8 personnes
Préparation : 10 min
Temps de macération : 1 h • Cuisson : 5 min
Une portion contient environ : 219 kcal
Protides : 30 g • Lipides : 12 g • Glucides : 0,75 g

8 tranches de thon frais • 2 cuil. à soupe d'huile • 1/2 cuil. à café de cumin en poudre • 1/2 cuil. à café de piment fort • 4 gousses d'ail pilées • 1/2 cuil. à café de sel • POUR LA SAUCE : 30 g de beurre • 2 oignons • 2 cuil. à soupe de concentré de tomate • 1 bouquet de persil • 2 citrons pour la décoration • 100 g de câpres • 1/2 cuil. à café de sel • 1/2 cuil. à café de poivre • POUR LA FRITURE : huile

1. Mélangez soigneusement l'huile, le cumin, le piment, l'ail et le sel, puis enduisez-en les filets et laissez macérer 1 h.
2. Faites frire les filets de thon dans l'huile chaude, 2 à 3 min de chaque côté. Tenez-les au chaud.
3. Mettez le beurre avec les oignons émincés, le concentré de tomate, le persil haché, les câpres, le poivre et le sel dans une poêle. Faites revenir le tout, à feu doux, pendant 5 min.
4. Dressez les filets de thon bien dorés et nappés de sauce sur un plat. Disposez tout autour les quartiers de citron. Accompagnez ce délicieux plat d'une salade cuite (voir p. 22 et p. 26).

VARIANTES : ***Vous pouvez aussi réaliser cette recette avec des filets de lotte ou de sole. Procédez comme pour les filets de thon.***

DAURADE FARCIE

Pour 8 personnes
Préparation : 15 min • Cuisson : 20 min
Une portion contient environ : 228 kcal
Protides : 34 g • Lipides : 8 g • Glucides : 5 g

1 daurade de 1,5 kg vidée et parée • 500 g de tomates • 2 poivrons verts • 2 poivrons rouges • 2 oignons • 4 gousses d'ail • 1 bouquet de coriandre • 1 bouquet de persil • 100 g d'olives rouges dénoyautées • l'écorce de 2 citrons confits • 1/2 cuil. à café de piment fort • 1 verre à moutarde d'huile • 1/2 cuil. à café de sel • 1 cuil. à café de poivre

1. Ébouillantez les tomates, pelez-les et coupez-les en petits dés. Lavez les poivrons, éliminez le pédoncule et les graines, taillez-les en lanières. Hachez finement les oignons, écrasez les gousses d'ail. Préchauffez le four à 170 °C (th. 5).
2. Mettez tous les légumes dans un faitout avec la coriandre et le persil hachés, les écorces de citron taillées en fines lamelles, les olives, l'huile, le piment, le poivre, le sel et un verre à moutarde d'eau. Faites cuire à feu moyen, de 10 à 15 min seulement, car la préparation ne doit pas trop réduire.
3. Déposez la daurade dans un plat à gratin huilé. Recouvrez-la de la moitié de la préparation (tenez le reste au chaud). Faites cuire 20 min au four, à mi-hauteur.
4. Retirez la daurade, nappez-la avec le reste de la préparation. Servez bien chaud.

SOLES À L'OIGNON

Pour 8 personnes
Préparation : 10 min • Cuisson : 20 min
Une portion contient environ : 130 kcal
Protides : 7 g • Lipides : 10 g • Glucides : 3 g

8 soles vidées et parées • 500 g d'oignons • 1 bouquet de persil • 100 g d'amandes émondées • 50 g de beurre • 1 cuil. à café de sel • 1 cuil. à café de poivre

1. Préchauffez le four à 170 °C (th. 5).
2. Dans une poêle, faites revenir ensemble, à feu doux, les oignons émincés, le beurre, le persil haché, le sel et le poivre, pendant 5 min.
3. Essuyez les soles bien soigneusement avec du papier absorbant. Rangez-les côte à côte dans un plat à gratin préalablement huilé. Recouvrez-les de sauce et faites-les cuire au four, à mi-hauteur, pendant 15 à 20 min.
4. Servez les soles dans le plat de cuisson après les avoir parsemées avec les amandes frites, grossièrement hachées. Accompagnez-les de pommes de terre à la vapeur.

VARIANTES : ***Vous pouvez également réaliser cette recette avec des limandes ou encore des petits filets de merlans.***

BROCHETTES DE POISSON

Pour 8 personnes
Préparation : 15 min
Temps de macération : 1 h • Cuisson : 5 min
Une portion contient environ : 66 kcal
Protides : 3 g • Lipides : 6 g • Glucides : 0 g

1 kg de chair de poisson (lotte ou espadon) • 6 gousses d'ail • 1 bouquet de persil • 1 bouquet de coriandre • 1 cuil. à café de piment doux • 1/2 cuil. à café de piment fort • 1/2 cuil. à café de cumin en poudre • 3 cuil. à soupe d'huile • 1 cuil. à café de sel

1. Lavez et hachez le persil ainsi que la coriandre.
2. Détaillez la chair du poisson en gros dés, puis mélangez-les avec les fines herbes, les piments, le cumin, l'huile et le sel, et laissez macérer pendant environ 1 h au réfrigérateur.
3. Enfilez les dés de poisson sur des brochettes. Placez-les sous le gril électrique bien chaud et faites-les cuire légèrement (5 min).

♦ Vous pouvez également cuire ces brochettes au barbecue ou au feu de bois.

Au premier plan : soles à l'oignon.
À l'arrière-plan : brochettes de poisson.

CAILLES AU RAISIN

Pour 8 personnes
Préparation : 10 min • Cuisson : 20 min
Une portion contient environ : 488 kcal
Protides : 19 g • Lipides : 28 g • Glucides : 40 g

16 cailles vidées et parées • 2 oignons • 1 gousse d'ail • 100 g de beurre • 1/2 cuil. à café de sel • 1 cuil. à café de poivre • POUR LA GARNITURE : 20 cl de crème fraîche • 2 kg de raisin frais (muscat) • 50 g de beurre

1. Mettez les cailles dans une cocotte avec le beurre, les oignons hachés, la gousse d'ail pelée, le poivre et le sel. Ajoutez 1 litre d'eau et faites cuire le tout, à feu moyen et à mi-couvert, pendant 20 min (ce temps dépend de la qualité et de la grosseur des cailles).

2. Lavez et égrappez le raisin, puis faites revenir les grains dans une poêle avec le beurre pendant environ 10 min.

3. Faites réduire le jus de cuisson des cailles, incorporez-y la crème fraîche juste avant de servir.

4. Dressez les volailles dos à dos dans le plat de service. Répartissez le raisin, nappez de sauce et servez aussitôt.

◆ Faites cuire le raisin 5 min avant de servir.

PERDREAUX AUX CITRONS CONFITS

Pour 8 personnes
Préparation : 10 min • Cuisson : 45 min
Une portion contient environ : 166 kcal
Protides : 17 g • Lipides : 10 g • Glucides : 2 g

4 beaux perdreaux vidés et parés • 4 oignons • 8 gousses d'ail • 1 bouquet de coriandre • 1 bouquet de persil • 1 cuil. à café de gingembre • 1 1/2 cuil. à café de cumin • 2 doses de safran • 1 verre à moutarde d'huile • 6 citrons confits • 1/2 cuil. à café de sel • 1 cuil. à café de poivre

1. Versez 1,5 litre d'eau dans une grande cocotte. Ajoutez les perdreaux, l'huile, les doses de safran, les oignons émincés, l'ail pelé et écrasé, les fines herbes hachées, le poivre et le sel. Faites cuire le tout, à feu moyen, pendant 45 min.
2. Incorporez les écorces de citron confit, taillées en fines lamelles, 5 min avant la fin de la cuisson
3. Coupez les perdreaux en deux dans le sens de la longueur et dressez-les sur le plat de service, puis nappez-les de sauce bien onctueuse et servez chaud.

Conseil : ***La cuisson des perdreaux dépend de leur taille et de leur qualité. Si besoin est, ajoutez un peu d'eau.***

CANARD AUX OLIVES

Pour 4 personnes
Préparation : 10 min • Cuisson : 1 h 30
Une portion contient environ : 412 kcal
Protides : 39 g • Lipides : 28 g • Glucides : 1 g

1 canard de 1,5 à 2 kg vidé et paré • 2 oignons • 1 branche de céleri • 50 g de beurre • 50 g d'olives rouges • 1 bouquet de coriandre • 1/2 cuil. à café de sel • 1 cuil. à café de poivre

1. Mettez le canard entier dans une cocotte avec le beurre, les oignons émincés, le céleri coupé en tout petits dés, le poivre et le sel. Ajoutez 1,5 litre d'eau et faites cuire le tout, à mi-couvert et à feu moyen, pendant 1 h ou 1 h 20.
2. Ajoutez les olives dénoyautées, la coriandre hachée et laissez encore mijoter 10 ou 15 min.
3. Découpez le canard lorsqu'il est cuit. Dressez les morceaux avec les olives sur un plat chaud. Nappez de sauce.

◆ Le temps de cuisson dépend de la qualité du canard. Choisissez de préférence une volaille jeune.

COQUELETS AUX FIGUES FRAÎCHES

Pour 4 personnes
Préparation : 10 min • Cuisson : 50 min
Une portion contient environ : 874 kcal
Protides : 88 g • Lipides : 32 g • Glucides : 58 g

4 coquelets vidés et parés • 3 oignons • 2 gousses d'ail • 75 g de beurre • 2 doses de safran • 1 cuil. à café de gingembre en poudre • 1 cuil. à café de sel • POUR LA GARNITURE : 1 kg de figues fraîches fermes • 10 cl de crème fraîche • 100 g de sucre

1. Mettez les coquelets dans une cocotte avec les oignons émincés, l'ail écrasé, le beurre, le safran, le gingembre, le sel et 1 litre d'eau. Mélangez et faites cuire le tout à feu moyen pendant 40 min.
2. Ajoutez le sucre et les figues fraîches lavées et coupées en deux dans le sens de la longueur. Comptez 3 min pour la cuisson des fruits, car ils doivent rester fermes. Incorporez la crème fraîche.
3. Coupez les coquelets en deux dans le sens de la longueur, puis dressez-les sur un plat chaud. Disposez tout autour les moitiés de figues, et nappez le tout de sauce onctueuse.

◆ L'appellation « coquelet » désigne les volailles pesant de 600 à 900 g effilées. Le coquelet ne doit jamais être coupé, mais simplement fendu dans sa longueur.

CONSEIL : ***Il est préférable de faire cuire les figues juste avant de servir.***

POULETS AUX NAVETS

Pour 8 personnes
Préparation : 20 min • Cuisson : 45 min
Une portion contient environ : 358 kcal
Protides : 42 g • Lipides : 18 g • Glucides : 7,5 g

2 poulets moyens, vidés et parés • 2 kg de navets • 2 oignons • 2 gousses d'ail • 1 bouquet de coriandre • 100 g de beurre • 1/2 verre à moutarde de jus de citron • 1 cuil. à café de cumin • 1/2 paquet de safran • 1 cuil. à café de sel • 1 cuil. à café de poivre

1. Découpez les poulets en morceaux. Mettez-les dans un grand faitout avec les oignons émincés, l'ail haché, le beurre, le safran, le poivre, le sel et 1 litre d'eau. Faites cuire le tout 30 min à feu moyen.
2. Ajoutez les navets, pelés et coupés en deux dans le sens de la longueur. Laissez mijoter encore 10 ou 15 min.
3. Incorporez la coriandre hachée, le cumin et le jus de citron 5 min avant la fin de la cuisson. Prolongez la cuisson de 10 à 15 min.
4. Prélevez les morceaux de poulet. Disposez-les en couronne sur un plat chaud. Mettez les navets au milieu et arrosez le tout avec le jus de cuisson. Servez chaud.

Conseil : ***Ce plat sera meilleur si vous le réalisez avec les navets nouveaux, que l'on trouve au printemps sur les marchés. Dans ce cas, laissez-les entiers.***

POULETS AUX TOMATES SUCRÉES

Pour 8 personnes
Préparation : 10 min • Cuisson : 30 min
Une portion contient environ : 462 kcal
Protides : 43 g • Lipides : 18 g • Glucides : 32 g

2 poulets moyens, vidés et parés • 2 oignons • 3 gousses d'ail • 100 g de beurre • 1/2 paquet de safran • 1 cuil. à café de gingembre en poudre • 1/2 cuil. à café de sel • Pour la garniture : 3 kg de tomates • 1 cuil. à café de cannelle • 150 g de sucre en poudre • graines de sésame pour la décoration

1. Découpez chaque poulet en 4 parts. Mettez les morceaux dans une cocotte avec l'ail haché, les oignons émincés, le beurre, les épices, le sel et 1 litre d'eau. Mélangez et faites cuire 25 ou 30 min, à mi-couvert et à feu doux.
2. Pendant ce temps, mettez les tomates pelées, épépinées et coupées en petits dés dans une poêle. Laissez-les mijoter à feu doux, jusqu'à évaporation totale du jus. Ajoutez le sucre et la cannelle et laissez caraméliser en remuant de temps à autre.
3. Dressez les morceaux de poulets nappés de purée de tomate sur un plat chaud. Arrosez le tout avec le jus de cuisson bien réduit. Agrémentez la présentation en parsemant quelques graines de sésame.

Conseil : ***Faites bien caraméliser la purée de tomate, elle doit être assez épaisse.***

Au premier plan : poulets aux navets.
À l'arrière-plan : poulets aux tomates sucrées.

GIGOT DE MOUTON AUX ARTICHAUTS

Pour 8 personnes
Préparation : 20 min • Cuisson : 1 h
Une portion contient environ : 269 kcal
Protides : 25 g • Lipides : 15 g • Glucides : 8 g

1 kg de gigot découpé en morceaux • 1,5 kg de fonds d'artichauts • 2 oignons • 1 bouquet de persil • 1 cuil. à café de concentré de tomate • 1 verre à moutarde d'huile • 1 cuil. à café de poivre • 1 cuil. à soupe de paprika en poudre • 1 cuil. à café de sel • l'écorce de 2 citrons confits

1. Mettez les morceaux de viande dans une cocotte. Ajoutez les oignons émincés, l'huile, le poivre, le sel et 1/2 litre d'eau. Mélangez et faites cuire le tout à feu doux pendant 40 min.

2. Ajoutez le concentré de tomate, les écorces de citron confit hachées, le paprika, le persil haché et, à la fin seulement, les fonds d'artichauts. Laissez mijoter pendant encore 15 ou 20 min.

3. Dressez la viande sur un plat de service. Disposez les légumes tout autour et arrosez avec la sauce qui doit être assez onctueuse. Servez bien chaud.

Conseil : ***Ne faites pas trop cuire les artichauts afin qu'ils ne se défassent pas.***

ÉPAULE D'AGNEAU AUX PETITS OIGNONS

Makfoul

Pour 8 personnes
Préparation : 15 min • Cuisson : 1 h 20
Une portion contient environ : 626 kcal
Protides : 22 g • Lipides : 32 g • Glucides : 63 g

1 épaule d'agneau (1,250 kg) • 1 oignon émincé • 4 gousses d'ail • 100 g de beurre • 100 g de sucre en poudre • 1 cuil. à café de gingembre en poudre • 2 doses de safran • 1/2 cuil. à café de sel • POUR LA SAUCE : 3 kg de petits oignons blancs • 250 g de sucre en poudre • 2 cuil. à soupe de cannelle

1. Taillez la viande en morceaux. Mettez ceux-ci dans une cocotte avec l'oignon émincé, l'ail pilé, le beurre, les épices, le sucre, le sel et 1,5 litre d'eau. Mélangez et faites cuire le tout à feu moyen pendant environ 1 h.

2. Préchauffez le four à 200 °C (th. 6). Retirez la viande de la cocotte, mettez-la dans un plat allant au four ou dans un tagine, puis saupoudrez-la avec 125 g de sucre et 1 cuillerée à soupe de cannelle. Tenez-la au chaud.

3. Pelez les oignons et faites-les cuire 10 min dans le jus de cuisson de la viande. Puis égouttez-les et recouvrez-en toute la viande. Saupoudrez le reste de sucre et de cannelle, arrosez avec la moitié de la sauce et mettez à caraméliser au four (th. 5/6).

4. Pendant la cuisson, arrosez de temps en temps avec la sauce restante. Servez ce délicieux tagine tel quel dans son plat de cuisson.

♦ La réussite de cette recette repose sur certaines précautions : les petits oignons doivent rester entiers, la sauce doit être réduite et le dessus bien caramélisé.

TAGINE

Tangia fassia

Pour 8 personnes
Préparation : 15 min • Cuisson : 1 h
Une portion contient environ : 292 kcal
Protides : 37 g • Lipides : 15 g • Glucides : 3 g

1,5 kg dans le jarret de veau • 4 tomates • 2 oignons • 6 gousses d'ail • 2 cuil. à soupe de coriandre en poudre • 2 doses de safran • 3 cuil. à soupe de gingembre • 3 cuil. à soupe de piment doux • 1/2 cuil. à café de piment fort • l'écorce de 3 citrons confits • 1 verre à moutarde d'huile • 1/2 cuil. à café de sel

1. Coupez d'abord le jarret de veau en gros dés. Émincez ensuite les oignons et pelez les gousses d'ail. Coupez enfin toutes les tomates en quartiers.
2. Mettez-les dans un autocuiseur avec les écorces de citron confit, le gingembre, les deux piments, la coriandre, le safran, l'huile, le sel et un verre à moutarde d'eau. Mélangez bien et faites cuire, à feu moyen, pendant 1 h.
3. Servez le tagine très chaud, accompagné de différentes salades.

◆ La *tangia* est un plat rond en terre cuite vernissée équipé d'un couvercle conique. Par extension, la *tangia* a donné son nom aux préparations cuites dans ce plat : les tagines.

TAGINE DE BOULETTES DE VIANDE

Tagine dial Kefta

Pour 8 personnes
Préparation : 15 min
Temps de macération : 1 h • Cuisson : 15 min
Une portion contient environ : 407 kcal
Protides : 41 g • Lipides : 25 g • Glucides : 4 g

750 g de viande de bœuf • 250 g de viande d'agneau • 1 rognon rouge de mouton • 5 gousses d'ail • 1 bouquet de coriandre • 1 bouquet de persil • 3 brins de menthe • 3 brins de marjolaine • 1 cuil. à café de poivre • 1 cuil. à café de sel • 50 g de fromage râpé • 1 œuf •
POUR LA SAUCE : **50 g de beurre • 500 g de tomates • 2 poivrons • 1 cuil. à café de cumin • 1 cuil. à café de cannelle • 1 cuil. à soupe de paprika doux • 8 œufs • 1/2 cuil. à café de sel**

1. Hachez deux fois les viandes, le rognon, l'ail, la coriandre, le persil, la menthe, la marjolaine pour obtenir une farce très fine. Mélangez-la soigneusement avec le poivre, le sel, l'œuf et le fromage rapé. Laissez macérer au frais pendant 1 h.
2. Façonnez des boulettes de la taille d'une grosse bille en les roulant entre les paumes de vos mains légèrement mouillées.
3. Pelez et épépinez les tomates, coupez-les en dés. Épépinez les poivrons et hachez-les finement. Mettez tous les légumes dans un plat en terre allant sur le feu avec le cumin, la cannelle, le paprika, le beurre, le sel et un verre à moutarde d'eau. Faites cuire le tout pendant 5 min.
4. Puis ajoutez les boulettes en les répartissant bien. Comptez 5 min de cuisson. Remuez de temps en temps.
5. Cassez les œufs, un à un, tout autour du plat ; ils cuiront en quelques minutes. Servez bien chaud.

AGNEAU AUX COURGETTES

Pour 8 personnes
Préparation : 20 min • Cuisson : 1 h à 1 h 10
Une portion contient environ : 389 kcal
Protides : 27 g • Lipides : 29 g • Glucides : 5 g

1,5 kg d'agneau (collier) coupé en morceaux • 1 kg de petites courgettes • 2 oignons • 400 g de petits oignons blancs • 1 gousse d'ail • 100 g de beurre • 2 doses de safran • 1 poignée de thym séché • 1/2 cuil. à café de sel • 1 cuil. à café de poivre

1. Mettez la viande dans un grand faitout avec le beurre, les 2 oignons émincés, l'ail haché, le safran, le poivre et le sel. Ajoutez 1,5 litre d'eau et faites cuire le tout, à mi-couvert et à feu moyen, pendant 40 à 45 min environ.
2. Lavez les courgettes, retirez-en les extrémités. Coupez-les en deux dans le sens de la longueur. Pelez les petits oignons. Incorporez ces légumes au plat et laissez mijoter encore 10 ou 15 min.
3. Parsemez le plat d'une bonne poignée de thym que vous aurez préalablement frotté entre les paumes de vos mains.
4. Disposez les morceaux de viande avec les courgettes dans un plat chaud. Nappez-les de sauce bien onctueuse. Servez bien chaud.

CONSEIL : ***Choisissez de préférence des courgettes nouvelles et, si possible, laissez-les entières.***

TAGINE D'AGNEAU AUX PRUNEAUX

Pour 8 personnes
Temps de trempage : 2 h
Préparation : 20 min • Cuisson : 1 h à 1 h 10
Une portion contient environ : 444 kcal
Protides : 18 g • Lipides : 31 g • Glucides : 22 g

1 kg d'épaule d'agneau coupée en morceaux • 500 g de pruneaux • 2 oignons • 200 g de petits oignons blancs • 100 g de beurre • 150 g d'amandes émondées • 1 cuil. à café de gingembre en poudre • 2 doses de safran en poudre • 1/2 cuil. à café de sel

1. Mettez les pruneaux dans une jatte, couvrez-les d'eau à hauteur et laissez-les tremper pendant 2 h.
2. Mettez la viande dans une cocotte avec le beurre, les oignons émincés, le gingembre, les amandes, le sel et 1/2 litre d'eau. Mélangez bien et faites cuire le tout, à feu moyen, de 40 à 45 min.
3. Incorporez les oignons pelés. Laissez mijoter 10 à 15 min pour obtenir une sauce assez réduite.
4. Faites cuire les pruneaux 10 min dans leur eau de trempage.
5. Dressez la viande ainsi que les pruneaux égouttés sur un plat chaud, nappez le tout de sauce.

Au premier plan : agneau aux courgettes.
À l'arrière-plan : tagine d'agneau aux pruneaux.

TAGINE AUX AUBERGINES

Pour 8 personnes
Préparation : 10 min • Cuisson : 1 h 20
Une portion contient environ : 267 kcal
Protides : 25 g • Lipides : 15 g • Glucides : 8 g

1 kg de collier de mouton détaillé en morceaux • 2 kg d'aubergines • 2 tomates • 2 oignons • 2 gousses d'ail • 1 bouquet de persil • 1/2 verre à moutarde d'huile • huile pour la friture • 1/2 cuil. à café de sel • 1 cuil. à café de poivre

1. Mettez les morceaux de mouton dans une cocotte. Ajoutez les oignons émincés, l'ail pilé, l'huile, le poivre, le sel et 1,5 litre d'eau. Mélangez bien et faites cuire le tout, pendant 40 à 50 min, à mi-couvert et à feu moyen.
2. Ajoutez le persil haché et les tomates pelées, épépinées et coupées en dés. Laissez mijoter encore pendant 15 à 20 min.
3. Pendant ce temps, lavez, équeutez les aubergines. Découpez-les en rondelles de 1 cm d'épaisseur. Faites-les frire des deux côtés dans l'huile chaude.
4. Dès qu'elles sont bien dorées, retirez-les, égouttez-les et écrasez-les à la fourchette dans une passoire pendant qu'elles sont encore chaudes, pour éliminer le superflu d'huile. Faites sécher cette purée pendant 5 min dans une poêle sans matière grasse.
5. Dressez les morceaux de viande avec la purée d'aubergines sur un plat chaud. Nappez de sauce et servez aussitôt.

CONSEIL : ***Vous pouvez faire cuire les aubergines à la vapeur au lieu de les frire.***

BROCHETTES DE MOUTON

Pour 16 brochettes (8 pers.)
Préparation : 10 min
Macération : 2 h • Cuisson : 10 min
Une portion contient environ : 272 kcal
Protides : 25 g • Lipides : 16 g • Glucides : 7 g

1 kg de gigot de mouton désossé • 500 g de petits oignons blancs • 8 tomates coupées en quartiers • 1 bouquet de menthe fraîche hachée • 1 bouquet de persil • 3 cuil. à soupe d'huile • 1/2 cuil. à café de sel • 1 cuil. à café de poivre

1. Mettez le gigot désossé et détaillé en cubes dans un grand saladier. Ajoutez les petits oignons pelés, les quartiers de tomate, la menthe et le persil hachés, l'huile, le poivre et le sel. Mélangez bien et laissez macérer pendant 2 h au réfrigérateur.

2. Enfilez les dés de viande sur des brochettes, en les intercalant avec 1 oignon, 1 quartier de tomate et ainsi de suite.

3. Placez les brochettes sur un gril bien chaud, et laissez cuire de 4 à 5 min. Servez-les aussitôt accompagnées d'une salade de maïs ou de graines de couscous.

TAGINE D'AUBERGINES FARCIES

Pour 8 personnes
Préparation : 30 min • Cuisson : 15 à 20 min
Une portion contient environ : 179 kcal
Protides : 7 g • Lipides : 8 g • Glucides : 8 g

1 kg d'aubergines • 500 g de viande de bœuf • 1 œuf • 2 oignons • 1 bouquet de persil • 50 g de mie de pain grillée • 1 cuil. à café de sel • 1 cuil. à café de poivre • POUR LA SAUCE : 4 tomates • 1 cuil. à café de piment doux • 1/2 cuil. à café de piment fort • 1 verre à moutarde d'huile

1. Pelez les oignons. Hachez ensuite très finement la viande avec les oignons pelés et le persil. Mélangez le tout avec l'œuf battu, la mie de pain grillée et moulue, le poivre et le sel.
2. Coupez les aubergines en deux dans le sens de la longueur, puis évidez-les sans percer leur peau ; garnissez-les de farce et rangez-les dans un plat à gratin.
3. Préchauffez le four à 170 °C (th. 5).
4. Faites la sauce en mélangeant les tomates pelées et réduites en purée avec l'huile, les deux piments, le sel et un verre d'eau.
5. Arrosez les aubergines de cette sauce. Enfournez et laissez cuire pendant 15 à 20 minutes. Servez-les dans le plat de cuisson.

♦ Vous pouvez remplacer les aubergines par de grosses courgettes ou des fonds d'artichauts.

TAGINE DE LÉGUMES FARCIS

Pour 8 personnes
Préparation : 20 min • Cuisson : 30 min
Une portion contient environ : 486 kcal
Protides : 42 g • Lipides : 18 g • Glucides : 39 g

1 kg de viande de bœuf • 8 courgettes longues • 8 aubergines • 8 pommes de terre à chair ferme • 2 oignons • 4 gousses d'ail • 150 g de pignons • 1/2 cuil. à café de sel • 1 cuil. à café de poivre •
POUR LA SAUCE : 1 kg de tomates • 1 oignon • 50 g de beurre • 1 bouquet de persil • 5 feuilles de menthe • 1/2 cuil. à café de sel • 1 cuil. à café de poivre

1. Lavez les courgettes et les aubergines, ôtez-en les extrémités. Épluchez et lavez les pommes de terre. Coupez les légumes en deux dans le sens de la longueur, puis évidez-les sans les percer. Pelez les oignons et l'ail.
2. Hachez très finement la viande avec les pignons, l'oignon et l'ail. Salez et poivrez. Garnissez tous les légumes avec cette farce.
3. Faites la sauce en mélangeant les tomates pelées et réduites en purée, l'oignon finement émincé, le beurre, les fines herbes hachées, le poivre et le sel.
4. Rangez les légumes farcis dans un grand faitout et faites-les cuire avec la sauce, à feu moyen, pendant environ 30 min.
5. Faites réduire légèrement la sauce et servez les légumes bien chauds, nappés de sauce.

CONSEIL : ***Ne faites pas trop cuire les légumes, ils risqueraient de se défaire et de perdre leur saveur.***

CUISSON DES GRAINES DE COUSCOUS

recette de base

- **2 kg de graines de couscous**
- **100 g de beurre**
- **1 verre à moutarde d'huile**
- **1 cuil. à soupe de sel**
- **1/2 litre d'eau**

1. Lavez rapidement et égouttez le couscous. Mettez-le dans un grand plat et roulez-le du bout des doigts pour bien séparer les graines. Versez-les dans le panier supérieur du couscoussier.

2. Posez sur le faitout en ébullition. Trempez une bande de tissu dans un mélange de farine et d'eau. Enroulez-la au point de contact entre le faitout et le panier supérieur. Faites cuire à découvert jusqu'à ce que la vapeur traverse les graines.

3. Retirez le panier. Versez les graines dans le plat. Aspergez-les d'huile tout en les égrenant avec légèreté pour défaire les grumeaux. Lorsqu'elle est absorbée, remettez à cuire. Dès que la vapeur s'échappe, ôtez le panier.

4. Répétez l'opération précédente, mais cette fois salez les graines et parsemez-les de copeaux de beurre. Vous réchaufferez le couscous dans le panier avant de servir.

CONSEIL : ***Pour une jolie présentation, dressez la semoule en dôme dans un grand plat creux. Arrosez-la avec 2 ou 3 louches de bouillon. Mettez la viande au milieu et disposez les légumes autour. Arrosez de nouveau et présentez le reste de bouillon dans un bol à part.***

COUSCOUS AU POISSON

Pour 8 personnes
Temps de trempage : 12 h
Préparation : 20 min
Macération : 1 h
Cuisson : 1 h
Une portion contient environ :
1898 kcal
Protides : 68 g
Lipides : 90 g
Glucides : 204 g

- **1 pageot de 1,5 à 2 kg vidé et paré**
- **4 oignons**
- **250 g de pois chiches**
- **4 tomates**
- **500 g de pommes de terre**
- **500 g de courgettes**
- **1 chou**
- **2 kg de graines de couscous**
- **1 bouquet de coriandre**
- **1 verre à moutarde d'huile**
- **1 cuil. à café de sel**
- **1 cuil. à soupe de poivre**

POUR LA MARINADE :

- **2 cuil. à soupe d'huile**
- **1 cuil. à café de cumin en poudre**
- **1 cuil. à café de piment doux**
- **1/2 cuil. à café de piment fort**
- **1/2 cuil. à café de sel**
- **1 cuil. à café de poivre**

♦ Vous pouvez réaliser ce plat avec d'autres poissons à chair assez ferme, tels que la daurade ou le colin.

1. La veille, mettez les pois chiches à tremper dans de l'eau froide pendant 12 h. Coupez le pageot en tranches de 2 cm d'épaisseur. Faites-le macérer dans le mélange d'huile et d'épices pendant 1 h.

2. Dans le faitout du couscoussier, mettez 1,5 litre d'eau avec les oignons, les pois chiches égouttés, l'huile, les tomates pelées, épépinées et en dés, le poivre, le sel. Faites cuire 10 min à feu moyen. Faites cuire la graine en même temps.

3. Ajoutez au contenu du faitout les légumes pelés et coupés en deux dans le sens de la longueur (pommes de terre et courgettes) ou en quatre (chou), ainsi que la coriandre ficelée. Laissez cuire de 15 à 20 min.

4. Lorsque la graine est cuite, déposez les tranches de poisson dans le haut du couscoussier. Faites-les cuire à la vapeur des légumes 10 min. Dressez le couscous en dôme dans un plat, et disposez le poisson et les légumes par-dessus.

COUSCOUS D'OURIKA

Pour 8 personnes
Temps de trempage : 12 h
Préparation : 20 min • Cuisson : 1 h 15
Une portion contient environ : 1317 kcal
Protides : 59 g • Lipides : 33 g • Glucides : 196 g

1,5 kg de viande (veau ou agneau) coupée en morceaux • 200 g de pois chiches • 1/2 litre de lait • 2 oignons • 2 kg de graines de couscous • 600 g de navets • 600 g de courgettes • 2 doses de safran • 1 verre à moutarde d'huile • 1 cuil. à café de sel • 1 cuil. à café de poivre

1. Laissez tremper les pois chiches 12 h dans de l'eau froide.
2. Dans le bas du couscoussier, mettez la viande, le beurre, les oignons émincés, les pois chiches égouttés, le safran, l'huile, le poivre, le sel et 2 litres d'eau. Mélangez bien et faites cuire le tout 1 h à feu moyen. Faites cuire la graine en même temps (voir p. 50).
3. Pelez les navets, ôtez les extrémités des courgettes. Coupez les légumes en deux dans le sens de la longueur, ajoutez-les au contenu de la marmite. Faites cuire 15 min. Versez le lait 5 min avant la fin de la cuisson.
4. Mouillez le couscous avec 2 ou 3 louches de sauce. Dressez-le en dôme dans un grand plat. Disposez la viande par-dessus et les légumes tout autour. Arrosez le tout avec la moitié de la sauce, et servez bien chaud. Présentez le reste de sauce dans un bol à part.

COUSCOUS AUX LÉGUMES

Pour 8 personnes
Temps de trempage : 12 h
Préparation : 20 min • Cuisson : 1 h
Une portion contient environ : 659 kcal
Protides : 24 g • Lipides : 31 g • Glucides : 72 g

2 kg de graines de couscous • 1 kg de viande d'agneau coupée en morceaux • 200 g de pois chiches • 300 g d'oignons • 1 kg de carottes • 1 kg de navets • 1 kg de courgettes • 1 kg de pommes de terre • 1 kg de fèves fraîches • 1 chou vert moyen • 3 tomates • 1 bouquet de coriandre • 100 g de beurre • 300 g de raisins secs avec pépins • 2 doses de safran • 1 cuil. à café de sel • 1 cuil. à café de poivre

1. Laissez tremper les pois chiches 12 h dans de l'eau froide.

2. Versez 2 litres d'eau dans le faitout du couscoussier. Ajoutez la viande, les pois chiches égouttés, les oignons émincés, le safran, le beurre, la coriandre, le poivre et le sel. Mélangez bien et faites cuire 40 min à feu moyen. Faites cuire la graine en même temps (voir p. 50).

3. Incorporez un à un, à 10 min d'intervalle, les légumes, pelés et coupés en deux dans le sens de la longueur : commencez par les carottes et terminez par les fèves écossées, les tomates coupées en petits dés, et les raisins secs. Vérifiez que le bouillon est suffisamment abondant, sinon ajoutez de l'eau en cours de cuisson.

4. Dressez le couscous en dôme dans un plat rond, enduisez-le d'une noisette de beurre, mouillez-le avec 2 ou 3 louches de bouillon. Creusez un puits au centre et déposez-y les morceaux de viande. Recouvrez-les de légumes, pois chiches et raisins secs. Arrosez le tout avec la moitié du bouillon et servez bien chaud. Servez le reste de bouillon séparément.

LENTILLES À LA TOMATE

Laadess Bi Matecha

Pour 8 personnes
Temps de trempage : 12 h
Préparation : 15 min • Cuisson : 30 à 40 min
Une portion contient environ : 244 kcal
Protides : 16 g • Lipides : 4 g • Glucides : 36 g

500 g de lentilles • 2 tomates • 2 oignons • 1 bouquet persil • 1/2 verre à moutarde d'huile • 1/2 cuil. à café de sel • 1 cuil. à café de poivre

1. Faites tremper les lentilles dans de l'eau froide pendant 12 h.
2. Pelez les oignons et émincez-les. Pelez et épépinez les tomates, coupez-les en petits dés.
3. Mettez les lentilles égouttées dans une casserole. Ajoutez ensuite les tomates, les oignons, l'huile, 1/2 litre d'eau, le poivre et le sel, et faites cuire le tout, à feu moyen et à mi-couvert, pendant 30 à 40 min.
4. Incorporez le persil haché au contenu de la casserole 5 min avant la fin de la cuisson. Laissez épaissir la sauce et servez chaud.

♦ Le temps de cuisson des lentilles dépend de la variété choisie : de 30 à 40 min pour les vertes, de 40 à 50 min pour les brunes et de 15 à 30 min pour les rouges. Mais ne les faites pas trop cuire, elles perdraient leur saveur.

VARIANTE : ***Pour changer, vous pouvez réaliser cette recette avec des haricots blancs.***

COURGETTES À LA TOMATE

Pour 8 personnes
Préparation : 15 min • Cuisson : 15 à 20 min
Une portion contient environ : 70 kcal
Protides : 1,1 g • Lipides : 5 g • Glucides : 4 g

1 kg de courgettes longues et bien vertes • 2 tomates • 2 oignons moyens • 50 g de beurre • 1 cuil. à café de sel • 1 cuil. à café de poivre

1. Brossez les courgettes sous l'eau courante, essuyez-les, ôtez-en les extrémités et débitez-les en rondelles. Ébouillantez et pelez les tomates, épépinez-les et coupez-les en dés. Pelez et émincez les oignons.
2. Mettez tous les légumes dans une casserole avec 1/2 litre d'eau, le beurre, le poivre et le sel, puis faites cuire le tout, à feu moyen et à mi-couvert, de 15 à 20 min.
3. Dressez les courgettes sur un plat de service. Nappez-les de sauce onctueuse et servez chaud.

Au premier plan : lentilles à la tomate.
À l'arrière-plan : courgettes à la tomate.

DENIERS AUX NOIX

Pour 60 gâteaux
Préparation : 10 min • Repos : 20 min
Cuisson : 15 min
Un gâteau contient environ : 120 kcal
Protides : 2,5 g • Lipides : 4 g • Glucides : 18,5 g

1 kg de semoule fine • 20 g de levure de boulanger • 100 g de beurre • 200 g de sucre • 60 cerneaux de noix pour décorer • 250 g de chocolat noir pour le glaçage

1. Travaillez la farine, la levure délayée dans un peu d'eau, le beurre fondu, le sucre et 2 verres à moutarde d'eau, jusqu'à obtention d'une pâte consistante. Laissez reposer 20 min dans un endroit chaud.
2. Préchauffez le four à 170 °C (th. 5).
3. Étalez la pâte au rouleau sur une surface farinée. À l'aide d'un verre à liqueur, découpez des petits disques de pâte.
4. Puis rangez-les sur une plaque beurrée, enfournez à mi-hauteur et laissez cuire pendant 15 min.
5. Cassez le chocolat en morceaux et faites-le fondre au bain-marie.
6. Retirez les gâteaux du four. À l'aide d'une cuillère à café, versez sur chacun d'eux un peu de chocolat tiède et collez dessus un cerneau de noix pendant que le chocolat est encore mou. Laissez refroidir.

CONSEIL : ***Une fois refroidis, ces délicieux deniers peuvent se conserver longtemps dans une boîte à biscuits fermant hermétiquement ou dans le bas du réfrigérateur.***

ANNEAUX AUX AMANDES

Pour 60 anneaux
Préparation : 15 min • Cuisson : 15 min
Un anneau contient environ : 166 kcal
Protides : 2 g • Lipides : 8 g • Glucides : 22 g

1 kg de farine blanche • 500 g de beurre ramolli • 200 g d'amandes émondées et hachées • 500 g de sucre en poudre

1. Mélangez soigneusement la farine, le sucre et le beurre ramolli dans un grand saladier. Passez le tout 2 fois au mixeur.
2. Préchauffez le four à 170 °C (th. 5).
3. Divisez la pâte en morceaux de la valeur d'un œuf, puis façonnez-les en bracelets légèrement aplatis que vous rangerez au fur et à mesure sur une plaque beurrée.
4. Parsemez les anneaux avec les amandes hachées. Enfournez à mi-hauteur et laissez cuire pendant 10 à 15 minutes. Ne les laissez pas trop dorer.

Au premier plan : anneaux aux amandes.
À l'arrière-plan : deniers aux noix.

BEGHRIR AUX ŒUFS

Pour 8 personnes
Préparation : 10 min
Temps de repos : 30 min • Cuisson : 10 min
Une portion contient environ : 249 kcal
Protides : 10 g • Lipides : 3 g • Glucides : 46 g

2 œufs battus • 500 g de semoule fine • 20 g de levure de boulanger • 1 bouteille d'eau minérale gazeuse • 1/2 cuil. à café de sel

1. Dans un saladier, mélangez soigneusement la semoule avec les œufs, le sel, la levure délayée dans un peu d'eau. Versez la bouteille d'eau minérale. Couvrez la pâte d'un linge et laissez-la reposer 30 min dans un endroit chaud.
2. Versez une louche de pâte dans une poêle un peu huilée. Faites-la cuire quelques secondes d'un seul côté, sur lequel vous verrez se former quelques petits trous.
3. Répétez cette opération jusqu'à épuisement de la pâte. Servez chaud avec du beurre et du miel.

♦ Pour que les *beghrirs* soient légers, laissez bien reposer la pâte avant la cuisson et faites-les cuire dans une poêle à revêtement antiadhésif, sans matière grasse.

PETITS GÂTEAUX AUX DATTES

Pour 30 gâteaux
Préparation : 20 min
Temps de repos : 30 min • Cuisson : 15 min
Un gâteau contient environ : 298 kcal
Protides : 5 g • Lipides : 3 g • Glucides : 63 g

POUR LA PÂTE : 1 kg de semoule fine • 100 g de beurre • 1 cuil. à soupe de bicarbonate de soude • 200 g de sucre • 1 cuil. à café de sel • POUR LA GARNITURE : 1 kg de dattes • 1 cuil. à café de cannelle • POUR LE SIROP : 300 g de sucre

1. Travaillez la semoule, le beurre, le bicarbonate de soude, le sucre, le sel, 1/2 litre d'eau tiède jusqu'à obtention d'une pâte assez ferme. Couvrez-la d'un linge et laissez 30 min.
2. Portez un peu d'eau à ébullition dans une cocotte. Ajoutez-y les dattes dénoyautées, réduisez le feu et laissez cuire 15 min.
3. Écrasez les dattes cuites avec une fourchette. Parfumez la pâte ainsi obtenue avec la cannelle, malaxez. Divisez-la en 4 parts.
4. Partagez la pâte en 4 morceaux de même taille que vous étalerez au rouleau pour obtenir 4 rectangles de 2 cm d'épaisseur.
5. Étalez une part de dattes sur chaque rectangle de pâte, puis roulez-les de manière à obtenir 4 gros rouleaux. Préchauffez le four à 170 °C (th. 5).
6. Débitez les rouleaux de pâte en rondelles à l'aide d'un couteau que vous tremperez régulièrement dans de l'eau bouillante. Rangez-les sur une plaque beurrée, enfournez à mi-hauteur et laissez cuire de 10 à 15 min.
7. Plongez-les dans le sirop préparé avec 300 g de sucre délayé dans 2 verres à moutarde d'eau. Égouttez-les et laissez-les sécher à l'air pendant 30 min, avant de les ranger pour conservation dans des boîtes à biscuits fermant hermétiquement.

FEUILLETÉ AUX POMMES

Pour 8 personnes
Préparation : 15 min • **Cuisson : 15 min**
Une part contient environ : 326 kcal
Protides : 2 g • Lipides : 18 g • Glucides : 39 g

1 kg de pommes (reinette) • **100 g de beurre** • **6 feuilles de pastilla** • **150 g de sucre** • **1 cuil. à café de cannelle** • **1 œuf**

1. Pelez les pommes, évidez-les, coupez-les en tranches de 1 cm d'épaisseur.
2. Préparez un caramel léger avec le sucre et 1/2 verre d'eau. Ajoutez le beurre fondu et la cannelle, puis les pommes. Celles-ci cuiront en 5 minutes.
3. Étalez les feuilles de *pastilla* beurrées les unes à côtés des autres en les faisant se chevaucher. Soudez-les à l'aide d'un pinceau trempé dans l'œuf battu de manière à obtenir un rectangle arrondi sur les bords.
4. Préchauffez le four à 170 °C (th. 5).
5. Déposez les pommes bien caramélisées sur toute la surface des feuilles en laissant sur les côtés une marge d'environ 3 cm. Roulez délicatement pour obtenir un beau gâteau roulé. Soudez les bords à l'œuf.
6. Déposez le gâteau sur une plaque beurrée, enfournez-le à mi-hauteur et faites-le cuire pendant environ 10 à 15 minutes. Servez ce délicieux feuilleté avec de la crème fraîche.

BEIGNETS AUX ŒUFS

Pour 30 beignets
Préparation : 10 min • Cuisson : 15 min
Un beignet contient environ : 112 kcal
Protides : 3,5 g • Lipides : 5 g • Glucides : 14 g

500 g de farine • 3 œufs • 1/2 litre de lait • le zeste de 1 citron • 1 sachet de sucre vanillé • 1 sachet de levure chimique • huile pour la friture • 20 g de levure de boulanger • sucre glace pour la décoration • 1 cuil. à café de sel

1. Dans une terrine, mélangez la farine, les œufs battus, le zeste de citron râpé, la levure chimique, le sucre vanillé, le lait, la levure de boulanger diluée dans un peu d'eau et le sel. Pétrissez jusqu'à obtention d'une pâte molle.
2. Couvrez la pâte d'un linge propre et laissez-la lever jusqu'à ce qu'elle ait doublé de volume.
3. Huilez vos mains et prélevez un morceau de pâte de la valeur d'un œuf. Faites un trou au milieu et étirez la pâte de façon à obtenir un joli bracelet. Répétez cette opération jusqu'à épuisement de la pâte.
4. Plongez les bracelets de pâte dans l'huile chaude. Servez ces beignets bien dorés, saupoudrés de sucre glace.

TABLE DES RECETTES

Dans la colonne rapidité, les temps de préparation et de cuisson sont additionnés. Les temps de marinade, de réfrigération, de trempage et de repos ne sont pas compris.

Secrétariat d'édition : Mireille Touret
Conception graphique et réalisation de la couverture : Guylaine et Christophe Moi
Réalisation de la maquette : MCP

Dépôt légal : octobre 2003
ISBN : 2-01-620629-2
62-62-0629-08-6

Impression : G. Canale & C. S.p.A., Turin (Italie)